Ernst Probst

Annie Oakley - Die Meisterschützin des Wilden Westens

AF151990

Der GRIN Verlag publiziert seit 1998 wissenschaftliche Arbeiten von Studenten, Hochschullehrern und anderen Akademikern als eBook und gedrucktes Buch. Die Verlagswebsite www.grin.com ist die ideale Plattform zur Veröffentlichung von Hausarbeiten, Abschlussarbeiten, wissenschaftlichen Aufsätzen, Dissertationen und Fachbüchern.

Ernst Probst

Annie Oakley - Die Meisterschützin des Wilden Westens

GRIN Verlag

Die Deutsche Bibliothek verzeichnet diese Publikation in der Deutschen Nationalbibliografie; detaillierte bibliografische Daten sind im Internet über http://dnb.d-nb.de/ abrufbar.

1. Auflage 2011
Copyright © 2011 GRIN Verlag GmbH
http://www.grin.com
Druck und Bindung: Books on Demand GmbH, Norderstedt Germany
ISBN 978-3-640-90282-8

Annie Oakley (1860–1926), geborene Phoebe Ann Mosey

Meinen Tanten gewidmet:

Anna Probst
Gertraud Reiml
Josefa Zimmermann

Annie Oakley um 1899

Annie Oakley

Die Meisterschützin des Wilden Westens

Als eine der besten Schützen des Wilden Westens gilt eine Frau, die eigentlich stets im Osten der USA lebte: nämlich Annie Oakley (1860–1926), geborene Phoebe Ann Mosey. Bereits als Achtjährige ging sie auf die Kaninchenjagd. Mit 15 war sie schon eine solch tüchtige Jägerin, dass sie mit den Erlösen ihrer Wildbeute die Hypothek der Familienfarm abzahlen konnte. Später verdiente sie durch Auftritte als berühmte Kunstschützin ihren Lebensunterhalt.

Phoebe Ann Mosey kam am 13. August 1860 als fünftes Kind einer verarmten Quäkerfamilie in Ohio zur Welt. Die Angaben über die Zahl der Kinder ihrer Mutter differieren in der Literatur. Ihr Vater hieß Jacob Mosey (1799–1866) und war rund 30 Jahre älter als ihre Mutter Susan Mosey (1830–1908), geborene Wise.

Die Eltern haben 1848 im Blair County in Pennsylvania geheiratet. Aus der Ehe gingen zunächst die Töchter Mary Jane, Lyda, und Elizabeth hervor. Jacob und Susan Mosey betrieben in Hollidaysburg (Pennsylvania) eine Gastwirtschaft, die 1855 in einer Nacht niederbrannte, weil ein Gast unvorsichtig mit einer Öllampe hantiert hatte. Durch das Feuer verlor die Familie ihre Bleibe und zog nach Ohio, wo die Töchter Sarah Ellen und Phoebe Ann sowie nach diesen der Sohn John und die Tochter Hulda zur Welt kamen.

Wie bei vielen anderen bekannten Personen aus dem Wilden Westen widersprechen sich auch bei Annie Oakley die Angaben. Als ihr Familienname werden Mosey, Moses, Mauzy oder Mozee erwähnt. Geboren wurde sie entweder in der Nähe von Woodland (heute Willowdell) in Ohio oder bei North Star im Dark County in Ohio.

Zur Zeit der Geburt von Phoebe Ann hauste die Familie Mosey in einer ländlichen Region im westlichen Ohio in einer großen Blockhütte („Log Cabin") in der Wildnis. Die Familie von Phoebe Ann baute auf kargem gepachtetem Land Getreide an, womit sie mehr schlecht als recht ihren Lebensunterhalt sichern konnte. Der Vater war ein tüchtiger Jäger. Die Mutter hatte Talent zum Zeichnen.

Als Phoebe Ann sechs Jahre alt war, starb ihr Vater Jacob Mosey am 2. Februar 1866 im Alter von 66 Jahren an Lungenentzündung. Er ließ seine Frau und seine Kinder mittellos zurück. Damals soll Annie einmal heimlich ihrem Bruder John gefolgt sein, als jener auf die Jagd ging. Als dieser sie bemerkte, flehte sie ihn angeblich an, er solle sie künftig zum Jagen mitnehmen.

Nach 1866 heiratete die Mutter in zweiter Ehe einen Mann namens Daniel Brumbaugh. Aus dieser Verbindung ging die Tochter Emily Brumbaugh (1869–1927) hervor. Da aus der ersten Ehe mit Jacob Mosey sieben Kinder namentlich bekannt sind, müsste es das achte Kind von Susan Brumbaugh gewesen sein. Im Internet wird Emily manchmal als neuntes Kind bezeichnet. Der zweite Ehemann lebte nicht lange. In der deutschen Ausgabe des Online-Lexikons „Wikipedia" war noch im April 2011 davon die Rede, Susan habe nach ihrer zweiten Ehe weitere zweimal geheiratet. Tatsächlich bekannt sind aber nur die Namen von drei Ehemännern.

Im Alter von acht oder neun Jahren kam Annie zunächst auf eine so genannte Armenfarm des County, in dem sie lebte, Dort lernte sie nähen und musste Kinderarbeit für ihren Lebensunterhalt leisten. Ihre Geschwister wurden von der Mutter aus finanziellen Gründen teilweise in fremde Familien gegeben.

Annie hat als Kind keine Schulausbildung genossen. Stattdessen wurde sie als Magd in einem sklaven-ähnlichen Verhältnis an eine Farmersfamilie ausgeliehen. Laut ihren eigenen Schilderungen hat man sie dort seelisch und körperlich misshandelt. Zum Beispiel wurde sie bei klirrender Kälte barfuß im Schnee ausgesetzt. Annie sträubte sich später dagegen, den Namen dieser Familie auszusprechen und bezeichnete sie nur als „die Wölfe". Mehrfach riss sie aus.

Die Mutter heiratete nach 1868 erneut. Ihr dritter Ehegatte trug den Namen Joseph Shaw. Im Alter von 13 oder 14 Jahren kehrte Annie zu ihrer Mutter zurück, die es sich nun leisten konnte, sie wieder bei sich aufzunehmen.

Mit dem alten Gewehr ihres Vaters brachte sich Annie selbst das Schießen bei. Ihr erstes Opfer war ein Eich-hörnchen, das sie zur Strecke brachte, als sie etwa acht Jahre alt war. Bereits im Alter von acht Jahren erlegte sie wildlebende Kaninchen, Enten, Rebhühner und Wachteln, die in den Kochtopf oder in die Bratpfanne wanderten.

Frank E. Butler (1839–1926)

Irgendwann standen Annie ein Gewehr und eine Schrotflinte für die Pirsch zur Verfügung. Bald jagte sie mit so großem Erfolg, dass sie damit Geld verdiente und zur Haupternährerin der Familie wurde. Schließlich arbeitete sie als professionelle Jägerin und belieferte Lebensmittelläden, Hotels und Restaurants mit Wild. Im Alter von 15 Jahren war sie in der Lage, mit ihren Einkünften die Hypothek auf der Farm ihres Stiefvaters Joseph Shaw zurückzubezahlen.

Der Ruf von Annie als Schützin verbreitete sich über die Grenzen ihrer engeren Heimat hinaus in ganz Ohio. Sie beteiligte sich an Schießwettbewerben und wurde eine regionale Berühmtheit.

Als Teenager besiegte die zierliche und 1,52 Meter große Annie bei einem Schießwettbewerb den in Irland geborenen Jahrmarkts-Kunstschützen und Hundetrainer Frank E. Butler (1839–1926). Dabei gewann das Mädchen mit den blaugrauen Augen und schwarzen wallenden Haaren nicht nur das ausgesetzte Preisgeld von 100 Dollar, sondern auch das Herz des 21 Jahre älteren Butler. Angeblich sind sich die Beiden an Thanksgiving 1875 in Cincinatti zum erstenmal begegnet. Wenn dies zuträfe, wäre Annie damals erst 15 Jahre alt gewesen. Nach anderen Angaben hat die Karriere von Butler als Kunstschütze aber erst 1876 begonnen. Das Ehepaar Butler hat später immer erzählt, es habe sich ein Jahr vor der Hochzeit kennen gelernt. Auf der einzigen existierenden Heiratsurkunde ist als Hochzeitsdatum der 20. Juni 1882 in Windsor (Kanada) eingetragen. Demnach wäre Annie zur Zeit der Eheschließung 21 Jahre alt gewesen.

*Frank E. Butler und Annie Oakley
waren – wenn sie tatsächlich
bereits 1846 geheiratet haben –
ein halbes Jahrhundert lang
miteinander glücklich verheiratet.*

Die „Annie Oakley Foundation" in Greenville (Ohio) verweist darauf, Frank E. Butler habe in Zeitungsinterviews stets auf die erste Begegnung ein Jahr vor der Hochzeit in einer kleinen Stadt bei Greenville hingewiesen und zwar „18 Meilen von der nächsten Bahnstation" entfernt. In der Biografie „Annie Oakley and Buffalo Bill's Wild West" bezeichnet die Autorin Isabelle S. Sayers die von einem katholischen Geistlichen ausgestellte Trauungsurkunde der Butlers nicht als das Dokument der ersten Eheschließung. Der zweifache Vater Butler sei zur Zeit der ersten Eheschließung in Ohio 1876 möglicherweise noch nicht rechtskräftig geschieden gewesen, und das Paar habe durch die kirchliche Trauung 1882 die illegitime Ehe während der ersten Tournee legalisieren wollen. Es existiert zudem ein Brief von Butler an Annie von 1881, in dem er sie mit „my little wife" („meine kleine Ehefrau") anspricht. In manchen Kurzbiografien über Annie Oakley – wie etwa in „Superfrauen 1 – Geschichte" des Wiesbadener Autors Ernst Probst – wird 1880 als Hochzeitsjahr angegeben.

Butler brachte Annie das Lesen und Schreiben bei. Später bekam sie auch Schulunterricht und schloss so ihre Bildungslücken. Über ihren Ehemann, mit dem sie eine glückliche Ehe führte, sagte Annie später: „Frank hat mich aufgezogen". Anfangs wohnte die junge Ehefrau weiter bei ihrer Mutter, während Butler mit wechselnden männlichen Partnern zunächst mit einer Hundedressur-Nummer, später mit einer Nummer als Kunstschütze mit Showtruppen und Zirkusunternehmen auf Tournee ging.

Sitting Bull (um 1831–1890)

Am 1. Mai 1882 erlebte Annie ihren ersten gemeinsamen Auftritt mit ihrem Ehemann in Springfield (Ohio). Dazu kam es, als sie in einer Show für einen erkrankten männlichen Partner ihres Gatten einsprang. Den Künstlernamen Oakley wählte sie nach einem Vorort von Cincinnati oder nach dem Geburtsnamen ihrer Großmutter väterlicherseits. Von da ab trat das Ehepaar als „Butler and Oakley" auf. Annie schneiderte sich ihre Bühnengarderobe selbst und entwarf ein Wildwest-Outfit mit Chaps und kurzem Rock. Anfangs gingen Annie und ihr Mann mit dem Zirkus „Sells Brothers" durch die USA und Kanada auf Tournee. Sie boten nicht nur Schieß-Kunststücke, sondern auch eine Hunde-dressur-Nummer. Außerdem betätigte sich Annie als Kunstreiterin.

Zur Legendenbildung hat eine folgenschwere Begegnung von Annie Oakley mit einem berühmten Indianer beigetragen. Während einer Vorstellung in St. Paul (Minnesota) besuchte der legendäre Häuptling der Hunkpapa-Sioux, Sitting Bull (um 1831–1890), die Kunstschützin in ihrer Garderobe und traf sich in der Folgezeit oft mit ihr. Sitting Bull soll vom gekonnten Auftreten der Kunstschützin und Kunstreiterin auf der Showbühne so begeistert gewesen sein, dass er sie symbolisch „adoptierte" und ihr den Namen „Watanic Cicilia" (englisch: „Little Sure Shot", deutsch etwa: „Kleine Meisterschützin") gab. Die Gespräche und die „Adoption" durch Sitting Bull sind allerdings nur durch Aussagen von Annie selbst bezeugt und ansonsten nicht überliefert. Der Beiname „Little Shure Shot" wurde in der Phase des größten internationalen Rufes von Annie

Sitting Bull und Buffalo Bill

Oakley zu ihrem Markenzeichen und Bestandteil ihrer Werbung.

Das Engagement von Annie Oakley für den Zirkus „Sells Brothers" endete jäh nach einer Saison. Annie hatte es gewagt, die schlechten Arbeitsbedingungen und mangelnden Sicherheitsvorkehrungen dieses Zirkus zu kritisieren und wegen der schlechten Wohnbedingungen für die Mitarbeiter einen Sitzstreik zu organisieren. Danach hatte sie keine Zukunft mehr bei diesem Unternehmen.

Zum Glück für Annie Oakley begeisterte sich der ehemalige Bisonjäger Buffalo Bill (1846–1917), eigentlich William Frederick Cody, in New Orleans (Louisiana) für ihre Schießkünste. Angeblich sah er ihr nur ein paar Minuten zu, bevor er sie für seine Wild-West-Show engagierte. Die Zustimmung erfolgte nur mündlich, es gab keinen schriftlichen Vertrag zwischen ihnen.

Ab 1885 gingen Frank E. Butler und Annie Oakley mit der Wild-West-Show von Buffalo Bill auf Tournee durch die USA und Kanada.

Cody nannte Annie immer nur „Missie". Mitwirkender der Show war damals Sitting Bull, der am 25. Juni 1876 zusammen mit dem Häuptling der Ogalala-Sioux, Crazy Horse (um 1840–1877), die Schlacht gegen General George Armstrong Custer (1839–1876) am Little Bighorn River gewonnen hatte.

Der Häuptling verschenkte fast sein ganzes Honorar an zerlumpte, hungrige Kinder, denen er bei den Tourneen begegnete. Zu Annie Oakley sagte er einmal, er könne nicht verstehen, wie der weiße Mann so

Buffalo Bill (1846–1917)

George Armstrong Custer (1839–1876)

Lillian Francis Smith (1871–1930)

gedankenlos mit seinen eigenen Armen umgehe. „Der
weiße Mann weiß, wie man alles macht, aber er weiß
nicht, wie man es verteilt", meinte der Indianer.

Bei der Wild-West-Show von Buffalo Bill wurde Annie
Oakley als Kunstschützin zum Star. Ab 1886 war die
elf Jahre jüngere Kunstschützin Lillian Francis Smith
(1871–1930) ihre Konkurrentin, die nicht zu ihren
Freundinnen gehörte.

Die in Coleville (Kalifornien) geborene Lillian langweilte
sich als Siebenjährige mit Puppen und bat ihren Vater
um ein „kleines Gewehr". Dieser etwas ungewöhnliche
Wunsch wurde ihr erfüllt. Als Zehnjährige schoss Lillian
bereits so gut, dass ihr Vater eine 5000-Dollar-Wette
wagte, niemand könne seine Tochter beim Schießen
besiegen. Doc Carver, ein bekannter Schütze jener Zeit,
erschien nicht zum vereinbarten Wettmessen mit Lillian
in St. Louis (Missouri). Buffalo Bill entdeckte die 15-
Jährige während einer Tour in Kalifornien und
engagierte sie im Sommer 1886 für seine Wild-West-
Show, wo sie als „The Champion California Huntress"
auftrat.

Die ältere Annie Oakley wirkte ruhig, sprach gebildet,
kleidete sich unauffällig, war ordentlich und benutzte
bei ihren Auftritten eine „Shotgun" als Waffe. Im
Gegensatz dazu trug die jüngere Lillian eine auffällige
Garderobe, redete halbstark, prahlte gerne, war
unordentlich, flirtete schamlos und verwendete in der
Show eine Rifle.

Die Konkurrenz durch Lillian machte Annie so zu
schaffen, dass sie im Sommer 1886 flunkerte, sie sei
erst 1866 geboren, um etwas jünger zu erscheinen.

Während des Aufenthalts der Wild-West-Show im Frühjahr 1887 in London wuchs die Feindschaft zwischen Annie und Lillian noch mehr. Dazu trugen Zeitungsartikel bei, in denen allerlei Unwahres über die beiden amerikanischen Kunstschützinnen berichtet wurde. So kritisierte man beispielsweise Annie Oakley, weil sie zuerst die Hand der Ehefrau von Prince Edward geschüttelt, nicht aber Lillian Smith, die dies ebenfalls getan hatte. Wegen Lillian verließ Annie nach dem Aufenthalt in London vorübergehend die Wild-West-Show, kehrte aber wieder zurück, nachdem Lillian der Truppe 1889 den Rücken gekehrt hatte.

Einer Anekdote zufolge soll Frank E. Butler durch den Zuruf eines Zuschauers bei einem Auftritt in Texas dazu bewogen worden sein, nur noch als Manager von Annie aktiv zu werden. Ein Kuhtreiber soll laut gekreischt haben: „Geh aus dem Ring und gib dem Mädchen eine Chance!" Zur Begeisterung der Zuschauermenge zerschoss Annie damals Glaskugeln. Während der mehr als anderthalb Jahrzehnte, in denen die Kunstschützin Annie Oakley eine der Hauptattraktionen der Wild-West-Show von Buffalo Bill bildete, ist keiner ihrer zahlreichen Auftritte missglückt. Ihre Schießkunststücke waren schier unglaublich: Sie traf in die Luft geworfene kleine Würfel, Glaskugeln oder Münzen, Spielkarten oder Eier aus 30 Fuß Entfernung – umgerechnet etwa zehn Meter – und schoss ihrem Ehemann die brennende Zigarette aus dem Mund. Auf Wunsch der Zuschauer durchlöcherte sie hochgeworfene Objekte entweder in der Mitte oder am Rand. Eine hochgeworfene Spielkarte traf sie mindestens sechsmal, bevor diese den Boden berührte. Keine andere Frau soll mehr Glas zerschossen haben als Annie im Laufe ihrer Karriere. Während sie in einen Spiegel schaute, konnte sie über den Rücken auf weit entfernte Ziele anlegen. Künstlerkollegen erzählten über Annie, diese habe auf der Showbühne wie eine präzise eingestellte Maschine agiert, sobald sie ein Gewehr in die Hand nahm.

Mit dem Gewehr glückten Annie sensationelle Schießrekorde. Sie traf von 1000 in die Luft geworfenen Glaskugeln 945, von 5000 Glaskugeln 4772 und von 100 Tontauben 96.

Der Künstlername Annie Oakley ging auch in den Sprachschatz der Amerikaner ein. Heute noch werden in den USA durch eingestanzte Löcher entwertete Eintrittskarten oder Fahrkarten als „Annie Oakleys" bezeichnet. Um die Entstehung dieses Begriffes ranken sich Legenden. Byron Bancroft („Ban") Johnson (1864–1931), der Präsident der amerikanischen Baseball-Liga, soll über die durch viele Löcher entwertete und bereits abgelaufene Dauerkarte eines ertappten Zuschauers gesagt haben, die Karte sehe aus, als sei sie durch Schüsse von Annie Oakley getroffen worden. Nach einer anderen Version wollten 37 Männer kostenlos bei einem Auftritt von Annie im „Madison Square Garden" zusehen, indem sie behaupteten, sie seien alle Brüder von ihr.

Der Ruf von Annie Oakley gelangte bis nach Europa, wo sie bei Tourneen ihr Publikum begeisterte. 1887 trat sie bei einer Europatournee vor der britischen Königin Viktoria (1819–1901) auf, die ihr ein signiertes Foto schenkte. Zu den Bewunderern ihrer Kunst gehörten

Byron Bancroft („Ban") Johnson (1864–1931)

außer Queen Viktoria auch der Dichter Oscar Wilde (1854–1900), der König Umberto I. von Italien (1844–1900) und der Zar Nikolaus II. von Russland (1868–1918).

Edward VII., der Prince of Wales (1841–1900), erlaubte Annie als erster Frau, auf dem Gelände des „London Gun Club" zu schießen. Danach gab er ihr eine Ehrenmedaille mit persönlicher Widmung, die besagte, Annie habe den besten Schuss abgegeben, den er jemals gesehen habe. Sein Sohn George V. (1865–1932) überreichte später Annie eine ähnliche Medaille. Zusammen mit Kaiser Franz Joseph von Österreich (1830–1916) ging Annie Oakley auf Hirschjagd. Bei einem von dem russischen Großfürsten Michael ausgerichteten so genannten „Lauf-Hirsche-Schießen" gewann sie 350 US-Dollar.

Bei der zweiten Europatournee der Wild-West-Show von Buffalo Bill empfing 1889 Papst Leo XIII. (1810–1903) in Rom die Showleute, unter denen sich Annie Oakley befand. Unrichtigerweise wird behauptet, der spätere deutsche Kaiser Wilhelm II. (1859–1941) habe sich 1890 von Annie Oakley eine Zigarette aus dem Mund schießen lassen. Richtig ist laut Online-Lexikon „Wikipedia" eher, dass Annie ihm die Zigarette aus der Hand schoss. Nach Beginn des Ersten Weltkrieges (1914–1918) schrieb Annie angeblich an den deutschen Kaiser einen Brief und bat um einen zweiten Schuss. Der Kaiser soll aber keine Antwort gegeben haben. Die Existenz dieses Briefes wird von der „Annie Oakley Foundation" bestritten und als Gerücht gedeutet. Es gibt weder Belege für diesen Brief, noch dafür, dass der

Königin Viktoria (1819–1901)

Oscar Wilde (1854–1900)

König Umberto I. von Italien (1844–1900)

Zar Nikolaus II. von Russland (1868–1918)

*König Edward VII. von Großbritannien
und Irland (1841–1900)*

König George V. von Großbritannien
und Irland (1865–1932)

Kaiser Franz Joseph von Österreich (1830–1916)

Wilhelm II. (1859–1941) als Student

Thomas Alva Edison (1847–1931)

32

deutsche Kaiser die Vorstellung als Kronprinz wirklich besucht hat.

1894 stand Annie Oakley zusammen mit weiteren Artisten aus der Wild-West-Show von Buffalo Bill im „Black Maria-Studio" von Thomas Alva Edison (1847–1931) in einem der frühesten Streifen der Filmgeschichte vor der Kamera. Der Film hieß „The Little Sure Shot of the Wild West" und wurde später unter ihrem Namen bekannt. Diesen Kurzfilm hat man für die damals in Mode gekommenen Kinetoskope gedreht. Ein Ausschnitt daraus ist auf der Videoplattform „YouTube" im Internet zu sehen.

Noch heute erhalten ist ein Brief, den Annie Oakley am 5. April 1898 an den amerikanischen Präsidenten William McKinley (1843–1901) schrieb. Darin bot sie ihm eine von ihr ausgebildete, ausgerüstete und angeführte Truppe von 50 weiblichen Scharfschützen für den drohenden Krieg mit Spanien an. Doch dazu kam es nicht. McKinley wurde 1901 ermordet.

Nach einem Zugunglück im Jahre 1901 wurde die mehr als 40 Jahre alte Annie Oakley schwer an der Wirbelsäule verletzt und zog sich aus der Buffalo-Bill-Show zurück. Vorübergehend war sie teilweise gelähmt und konnte einige Zeit nicht als Kunstschützin auftreten. Doch nach mehreren Operationen erholte sich die nun weißhaarige Annie von dem Unfall wieder. Sie zeigte einige Jahre weiterhin verblüffende Schießkunststücke, stellte neue Rekorde auf, nahm an Schießwettbewerben teil und trat in eigens auf sie und ihre Schießkünste zugeschnittenen Theaterstücken auf. Im Laufe ihres Lebens hat sie schätzungsweise 20.000 Frauen den Gebrauch eines

US-Präsident William McKinley (1843–1901)

Gewehrs zum Sport oder zur Selbstverteidigung beigebracht.

1904 war Annie Oakley mit einer Verleumdungsklage gegen amerikanische Zeitungen erfolgreich. Diese Blätter hatten Geschichten über angeblichen Kokainmissbrauch von Annie veröffentlicht. Dabei handelte es sich in Wirklichkeit um eine Burlesque-Tänzerin, die in der Öffentlichkeit als falsche Annie Oakley auftrat. Trotz ihrer Erfolge als Künstlerin blieb Annie Oakley sehr medienscheu. Ihr war es sehr wichtig, dass nichts über ihr Privatleben an die Öffentlichkeit drang. Insgesamt führte Annie 55 Gerichtsprozesse gegen Zeitungen, von denen sie immerhin 54 gewann.

1922 erlitt die ungefähr 62 Jahre alte Annie Oakley zusammen mit ihrem Ehemann Frank E. Butler einen Autounfall, von dessen Folgen sie sich nicht mehr erholte. Sie blieb nach diesem Unfall ans Bett gefesselt und schrieb ihre „sentimentalen und ungenauen" Erinnerungen.

Am 3. November 1926 starb Annie Oakley im Alter von 66 Jahren in Greenville (Ohio). Als Todesursache wird „Perniziöse Anämie" bezeichnet. Dabei handelt es sich um eine Blutarmut, die auf einem Mangel an Vitamin B12 beruht. Wie von ihr gewünscht, hat man ihren Leichnam verbrannt und ihre Asche auf dem Friedhof „Brock Cemetery" in Greenville bestattet. Frank E. Butler war durch den Tod von Annie so geschockt, dass er nichts mehr aß und 18 Tage später am 21. November 1926 im Alter von 87 Jahren starb. Viele Zeitungen würdigten in Nachrufen die amerikanische Meisterschützin. Der „Greenville Daily

Annie Oakley im Jahre 1922

Advocate" berichtete am 4. November 1926, Annie Oakley sei am Tag zuvor abends um 11 Uhr im Haus der „Misses Broderick and Zemer", 237 East Street, gestorben. Sie sei seit acht Wochen krank gewesen. Der Nachruf von „Time" am 15. November 1926 trug die Überschrift „Women: Little Sureshot" und erinnerte an erstaunliche Schießleistungen von Annie Oakley. Beispielsweise hatte sie bei einem Tontaubenschießen in Pinehurst (North Carolina) 100 Tonvögel getroffen. Annie Oakley war bereits zu Lebzeiten eine legende Legende. Ihr Ausspruch „Peile ein hohes Ziel an, und Du wirst es treffen" gilt als geflügeltes Wort. In den USA betrachtet man sie als nationale Ikone, Prototyp des „All American Girl" und ersten weiblichen Superstar der Popkultur".

In dem Film „Annie Oakley" (1935) wurde die Meisterschützin von der amerikanischen Schauspielerin Barbara Stanwyck (1907–1990) dargestellt, in „Duell in der Manege" (1950) von Betty Hutton (1921–2007), in „Buffalo Bill and the Indians" (1976) von Geraldine Chaplin sowie in „Hidalgo – 3000 Meilen zum Ruhm" (2006) von Elizabeth Berridge. Einzelheiten über diese Filme kann man auf der Internetseite von „The Internet Movie Database" nachlesen. Annie Oakley war auch die Titelheldin des Musicals „Annie Get Your Gun" (1946) von Irving Berlin (1888–1989). Von 1954 bis 1957 mimte Gail Davis insgesamt 81 Episoden lang Annie Oakley in der gleichnamigen amerikanischen Fernsehserie.

Das abwechslungsreiche Leben von Annie Oakley hat auch Buchautoren und Spielzeughersteller inspiriert.

Annie Oakley auf einem Plakat

Über die Meisterschützin sind etliche Biografien erschienen. Man findet sie auch in der „National Cowgirl Hall of Fame" in Fort Worth (Texas). Die Firma „Playmobil" brachte sie als Spielfigur in einem Westernset heraus und auf dem amerikanischen Spielzeugmarkt existiert eine Actionfigur.

Die 1984 gegründete „Annie Oakley Foundation" in Greenville (Ohio) informiert über das Leben und Werk von Annie Oakley. Auf der Internetseite dieser Foundation weist die Großnichte Bess Edwards darauf hin, manche Leistungen Annies seien von deren Biografen übersehen worden.

Annie Oakley setzte sich ein für die Rechte der Frauen zu bezahlter Beschäftigung mit gleichem Entgelt wie die Männer, für die Aktivitäten von Frauen in vermeintlich männlichen Sportarten, für die Verwendung von Feuerwaffen im Sport und zur Selbstverteidigung. Außerdem hat die kinderlose Annie persönlich Waisen, Witwen und jungen Frauen geholfen, ihre Kenntnisse zu vertiefen. Mindestens 20 Frauen soll sie das College und die Berufsausbildung finanziert haben.

Annie Oakley in jungen Jahren

Literatur

ANNE OAKLEY FOUNDATION
http://www. annieoakleyfoundation.org
FEMBIO http://www.fembio.org
HAVIGHURST, Walter: Annie Oakley of the Wild West, Lincoln 1954
HEIDISH, Marcy: Secret Annie Oakley, New York 1983
JAMES, Edward T. / WILSON, Janet / BOYER, James / BOYER, Paul (Herausgeber): Notable American Women: A Biographical Dictionary, Cambridge (Massachusetts) 1971
KASPER, Shirl: Annie Oakley, Norman 1992
MALONE, Dumas (Herausgeber): Dictionary of American Biography, Detroit 1934
MCMURTRY, Larry: The Colonel and Little Missie: Bufallo Bill, Annie Oakley, and the Beginnings of Superstardom in America, New York 2005
NANCY, Floyd: She's got an gun, Philadelphia 2008
PROBST, Ernst: Superfrauen 1 – Geschichte, Mainz-Kostheim 2001
PROBST, Ernst: Superfrauen aus dem Wilden Westen, München 2009
QUACKENBUSH, Robert M.: Who's That Girl With the Gun? A Story of Annie Oakley, New York 1988
RILEY, Glenda: The Life and Legacy of Annie Oakley. Norman 1994
SAYERS, Isabelle S.: Annie Oakley and Bufallo Bill's Wild West, Mineola 1981
THE INTERNET MOVIE DATABASE http://www.imdb.com

TIME MAGAZINE http://www.time.com
TRAPSHOOTING HALL OF FAME
http://www.traphof.org
UGLOW, Jennifer S. (Herausgeber): The Continuum
Dictionary of Women's Biography, New York 1989
WIKIPEDIA (Online-Lexikon) http://wikipedia.org

Bildquellen

Klaus Benz, Fotograf, Mainz-Laubenheim: 44
Library of Congress, Prints and Photographs Division, Washington: 14, 16 (Foto von Moffett, Chicago, 1911), 17
Library of Congress, Prints and Photographs Division, Washington, New York World-Telegramm & Sun Collection (Foto von 1922): 36
Portrait Gallery of the Perry-Castaneda Library of the University of Texas, Austin: 32
Reproduktion eines Fotos von David Frances Barry (1854–1934): 12
Reproduktion eines Fotos von Alexander Bassano (1829–1913) von 1822: 24
Reproduktion eines Ölgemäldes aus den 1900-er Jahren von Earnest Lipgart (1847–1932): 27
Reproduktion eines Fotos um 1899 von Richard K. Fox: 4
Reproduktion eines Fotos von Carl Pietzner (1853–1927): 30
Reproduktion eines Fotos von Guiseppe e Luigi Vianelli: 26
Reproduktion eines Plakates aus der zweiten Hälfte der 1880-er Jahre für „Buffalo Bill's Wild West Show": 38
Reproduktionen von Fotos: 1, 8, 10, 18, 22, 25, 31, 34 (Foto um 1900)
Reproduktionen von Porträts von Samuel Luke Fildes (1843–1927): 28, 29 (etwa 1911), 40

Autor Ernst Probst

44

Der Autor

Ernst Probst, geboren am 20. Januar 1946 in Neunburg vorm Wald im bayerischen Regierungsbezirk Oberpfalz, ist Journalist und Wissenschaftsautor. Er arbeitete von 1968 bis 1971 als Redakteur bei den „Nürnberger Nachrichten", von 1971 bis 1973 in der Zentralredaktion des „Ring Nordbayerischer Tageszeitungen" in Bayreuth und von 1973 bis 2001 bei der „Allgemeinen Zeitung", Mainz. In seiner Freizeit schrieb er Artikel für die „Frankfurter Allgemeine Zeitung", „Süddeutsche Zeitung", „Die Welt", „Frankfurter Rundschau", „Neue Zürcher Zeitung", „Tages-Anzeiger", Zürich, „Salzburger Nachrichten", „Die Zeit", „Rheinischer Merkur", „Deutsches Allgemeines Sonntagsblatt", „bild der wissenschaft", „kosmos", „Deutsche Presse-Agentur" (dpa), „Associated Press" (AP) und den „Deutschen Forschungsdienst" (df). Aus seiner Feder stammen die Bücher „Deutschland in der Urzeit" (1986), „Deutschland in der Steinzeit" (1991), „Rekorde der Urzeit" (1992), „Dinosaurier in Deutschland" (1993 zusammen mit Raymund Windolf) und „Deutschland in der Bronzezeit" (1996). Von 2001 bis 2006 betätigte sich Ernst Probst als Buchverleger sowie zeitweise als internationaler Fossilienhändler und Antiquitäten-händler. Insgesamt veröffentlichte er mehr als 100 Bücher, Taschenbücher, Broschüren, Museumsführer und E-Books.

Bücher von Ernst Probst

Dinosaurier in Niedersachsen
Raub-Dinosaurier von A bis Z
Der Ur-Rhein. Rheinhessen
vor zehn Millionen Jahren
Als Mainz noch nicht am Rhein lag
Der Rhein-Elefant. Das Schreckenstier
von Eppelsheim
Krallentiere am Ur-Rhein
Menschenaffen am Ur-Rhein
Säbelzahntiger am Ur-Rhein
Deutschland im Eiszeitalter
Höhlenlöwen. Raubkatzen im Eiszeitalter
Der Höhlenlöwe
Säbelzahnkatzen. Von Machairodus bis zu Smilodon
Der Höhlenbär

Monstern auf der Spur. Wie die Sagen über Drachen,
Riesen und Einhörner entstanden
Affenmenschen. Von Bigfoot bis zum Yeti
Seeungeheuer. Von Nessie
bis zum Zuiyo-maru-Monster

Der Schwarze Peter. Ein Räuber im Hunsrück
und Odenwald
Julchen Blasius. Die Räuberbraut
des Schinderhannes
Hildegard von Bingen. Die deutsche Prophetin
Johann Jakob Kaup. Der große Naturforscher
aus Darmstadt

Der Ball ist ein Sauhund. Weisheiten und Torheiten
über Fußball (zusammen mit Doris Probst)
Worte sind wie Waffen. Weisheiten und Torheiten
über die Medien (zusammen mit Doris Probst)
Schweigen ist nicht immer Gold. Zitate von A bis Z

Bestellungen bei www.grin.com